Made in the USA
Monee, IL
17 December 2021

86044890R00070